Tom C. Schopper

Life is a story:

Einer, der immer lacht.

schreib's auf
story.one

FSC
www.fsc.org
MIX
Papier aus verantwortungsvollen Quellen
Paper from responsible sources
FSC® C105338

1. Auflage

Herstellung, Gestaltung und Konzeption:
Verlag story.one publishing - www.story.one

Gesetzt aus der Minion Pro und der Lato.

Printed in Germany.

ISBN: 978-3-99087-001-3

Danke für dieses Leben Loki.
Und mit der letzten Frage ans Universum
bedanke ich mich beim Missgeschick.
„Wenn ich tu den Kuchen packen,
wer dann tut den Koffer backen?“

INHALT

VORWORT

Das Vorwort.

Sollte es eigentlich nicht - die Vorwörter - oder noch treffender - die Vorsätze - heißen?
Da nutz ich mal die Gunst deiner Stunde und wünsche dir wahrlich gute Unterhaltung. Mögen dir meine Missgeschicke, Glücksstunden, Tief- und Höhepunkte und Herausforderungen auch Lehre, abschreckendes Beispiel und Lachen bis der Nabel tanzt, sein. Damit niemand behaupten kann, dass es das früher nicht gegeben hätte, sind auch einige Jugend Geschichten aus dem vorigen Jahrhundert dabei. Von mir, aber wer bin ich denn schon? Vielleicht nur einer der #GeschichtenStattHass eine Chance geben will, bevor eh schon alles wurscht wird.

Jede Geschichte hat exact 2.500 Zeichen, ideal für Zwischendurch.

Viel Spaß Kind der Sonne.

Entschuldigung. Was ist eine gute Geschichte?

„Was ist eine gute Geschichte?“, frage ich mich während ich dem Laptop böse Blicke zuwerfe. Zugleich hoffe ich, dass mich keiner gesehen hat, denn böse Blicke, nein, das geht ja gar nicht. So sitze ich im SchaniGarten des Cafes und bin den bösen Blicken des Kellners ausgeliefert, weil ich seit Stunden am halbvollen Glas Wasser herumsauge. In meiner Verzweiflung wende ich mich an das Pärchen am Nebentisch.

„Entschuldigung. Ihr seht so relaxiert aus, daher meine Frage aus dem Off. Was macht eine gute Geschichte aus?“, frage ich halblaut die beiden Händchenhalter, die mich kurz verwirrt ansehen.

„Najo“, sagt er und sieht seine Begleitung an. Es scheint ganz so, als würde er sich das ok von ihr holen um weiterzusprechen. „Na, das fängt ja super für ihn an“, denke ich mir und Trümmer eines weit entfernten NLP-Kurses checken kurz die Lage, ob es eigentlich Sinn macht hier noch weiterzufragen. „Aaaalsooo“, beginnt sie, während sie sich zu mir rüberbeugt. „Aalsoo, ich erkläre Ihnen das einmal", fährt sie fort und ich beginne mich etwas zu fürchten, denn es hat den Anschein als würde sie gleich über den Tisch kommen um mich mit ihren großen Brüsten zu erschlagen, die ihr halb aus dem Dirndl quellen. Ich bemühe mich gezielt in ihre Augen zu sehen.

„Eine gute Geschichte muss fesseln. Fesseln!", wiederholt sie laut und ich hoffe sie meint nicht mich damit. Nervös zupfe ich an der schmutzigen Tischdecke herum und versuche ihr weiter in die Augen zu sehen.

„Also sie muss spannend sein?", frage ich nach und versuche das Wording vom Fesseln wegzubekommen. „Ja", sagt er leise und erntet sofort einen harschen Blick von ihr.

„Natürlich, sonst machts ja keinen Sinn", sagt sie und fährt fort. „Sie muss einen klaren Anfang, die Kerngeschichte und dann ein klares Ende haben!", spricht sie nun lauter, denn er hat schon wieder zum Reden angesetzt. „Also klare Struktur und den Leser nicht zum Nachdenken verführen?", frage ich diesmal etwas leiser, denn ich bemerke die roten Flecken auf ihren Backen, die immer größer werden.

„Natürlich!“, schreit sie mich fast an. Dabei bemerke ich wie ihr Partner langsam seine Hand aus ihrer nimmt und sich mit vor der Brust verschränkten Armen hinsetzt.

„Also, ich mag eher wenn ich Fragen am Ende einer Geschichte habe und denken muss“, sagt er fast eingeschnappt und lehnt sich weiter zurück „So einer bist du!“, stellt sie mit erhöhter Stimmlage fest, richtet sich die Brüste, die kurz vor der Freiheit standen und starrt ihren Partner an.

„Naja, jeder nach seiner Fasson. Der alte Fritz war ein kluger Mann“, stammelt er und spielt sich mit dem leeren Glas Bier am Tisch vor sich.

„Nein, bei Geschichten kenne ich kein Pardon! Da braucht es klare Struktur und keinen Platz für Extrawürste!“, schreit sie und ich weiß jetzt nicht, wen sie damit meint. Vorsichtig klappe ich meinen Laptop zu, lege meine letzten 4 Euro auf den Tisch und schleiche mich langsam von dannen. Als ich den Ausgang erreicht habe, fliegen die ersten Gläser.

Ich gehe heim.

Sonne, Sand und BärenHintern

Kurz vor dem Millennium, an einem heißen Sommertag, dachte ich mir als noch unerfahrener Pechvogel, dass es eine hervorragende Idee ist, mit dem Motorrad nach Wildalpen zu fahren.

Die nackerte 600er war aufgetankt, ich obendrauf und somit ließen wir es standesgemäß krachen. Sprich, die Fußrasten wurden noch weiter abgeschliffen, das Adrenalin gut ausgeschüttet und mit doppelter Nahtoderfahrung gesegnet erreichte ich ein abgelegenes Tal, nahe Wildalpen. Ich fand sehr schnell eine ideale Stelle um runterzukommen und um abzuchillen. Nahe einem Trinkwasserwildbach, der in einer Linkskurve viel Sand verfrachtet hatte, entdeckte ich eine fast zwei Meter hohe Sanddüne, die ich zielorientiert ansteuerte. Raus aus der engen Lederkombi, sich in den warmen Sand kuscheln und einzuschlafen war eine Sache von wenigen Augenblicken.

Meine Träume konnten noch nicht ihre volle Wirkung entfalten, da wurde ich von einem lauten Geräusch aus meinen Heldentaten gerissen. Ich bin mir sicher, dass hierbei mindestens fünf Paralleluniversen draufgegangen sind. Da wurden die laut sabbernden Laute immer intensiver, es klang als ob ein großer Hund Wasser gierig in sich aufnehmen würde. „Hoffentlich ist das nur Schrödingers Katze oder des Jägers Hundsviech", ging mir durch den noch benommenen Kopf, zugleich richtete ich mich weiter auf um den Ruhestörer wegzuscheuchen. Langsam kroch ich die kleine Düne empor, bis der Wind mir ins Gesicht blies, zusammen mit einem übel riechenden Gestank und ich sah … direkt in einen breiten Bärenhintern hinein, der sich etwa zwei Meter vor mir befand.

Das Wort „Schas", konnte ich noch aussprechen, logischerweise machte ich so den Bären auf mich aufmerksam, und er drehte langsam seinen Kopf in meine Richtung. Ich schwöre mit offenen Herzen und herzerweichenden Dackelblick, dass sich die Augen des Bären, wie in einem ComicHeft schlagartig vergrößerten, und mit ebendiesen, panikerfüllten Gesichtsausdruck rannte Bruder Bär über den hier etwa 8 Meter breiten Gebirgsbach. Der Jesusbär, denn es schien mir, dass er über das Wasser lief.

Ich hingegen schlug erwartungsgemäß die entgegengesetzte Richtung ein, das ich nach mehrmaligen stolpern über meine kniehoch gezogene Lederhose einigermaßen gut hinbekam. An der Straße angekommen stellte ich fest, dass die Motorradschlüssel, zusammen mit den Zigaretten, noch auf der Sanddüne lagen, so hetzte ich, mit halb heraufgezogener Hose, den Forstweg vom Ort der seltsamen Begegnung weg. „Hoffentlich sieht mich so keiner“, ging mir noch durch den Kopf, dann hielt ich keuchend an, checkte, dass Bruder Bär schon lange im gegenüberliegenden Wald verschwunden war und keine Gefahr mehr darstellte, dann ging ich zurück, zog mich ordentlich an und fuhr nach Hause. Während der Fahrt dachte ich mir die ganze Zeit „Das glaubt mir keiner“, und so bin ich jetzt bei euch gelandet.

PS: Mich würde interessieren, was der Jungbär daheim über die Begegnung zu erzählen hatte.

Was macht a Nackerte im …?

„Da geht ja nix weiter!“, dachte ich mir bei meinen MoutainbikeTouren zumeist, wenn es bergab ging. Nach kurzer Überlegung beschloss ich den MotorradFührerschein zu machen. Ich war damals 34 Jahre alt und hatte keine Ahnung von meinem Schicksal als Pechvogel, der ich später einmal werden sollte. Logischerweise schaffte ich die Prüfung und war bald im Besitz einer nackerten 600er. Mehr brauchts nicht zum Spaßhaben.

Ich arbeitete damals in einer Druckerei in Wien 7, unweit der Redaktion des REITWAGENS, einer fortschrittlichen Zeitung über das richtige Umlegen eines Bikes, damit es keine Organe mehr zum Spenden gibt. Dort wollte ich nachfragen ob es FAHRSICHERHEITSKURSE gibt.

So betrat ich motiviert und klopfenden Herzens die Redaktion.

„Hallo!“, rief ich den Anwesenden entgegen.

Der Chefredakteur Andy, sein Supertester der Furiose C, Claudia und Österreichs Topfahrer Heinz K.. Überraschenderweise wurde ich Ruhestörer herzlich willkommen geheißen. Mein Helm wurde bewundert und mein Herz schlug gegen die Schädeldecke, denn der große Heinz K. sprach mit mir. Kurz vor dem ohnmächtig werden, hörte ich die Frage „Wennscht mogscht kanscht ja bei da nächschten Perfektion mitmochan. Haaa?".

So wurde ich zwei Wochen später, am Automotodrom Brno, munter. Zwei Freunde, die ich im TranceZustand mitgenommen hatte und ich, standen vor der Einfahrt ins Paddock, klappten die Visiere auf und sahen uns an. Ich war verwirrt, meine Kumpels hatten aber einen bösen Blick, weil sie ebenso wie ich realisiert hatten, dass hier richtig die Post abging. Der zu uns herüberdröhnende Motorenlärm wurde von der hellen Stimme Claudias übertönt: „Supa! Ihr seids wirklich gekommen! Fahrts da rechts an die vorletzte Box! Dort samma!". Fort war das beklommene Gefühl der Furcht. Adrenalin und auch Testosteron wurde ausgeschüttet. Nein. Hier gab es kein zurück mehr … so landeten wir bei der Anmeldung, nahmen die Einführung im Verhalten auf der Rennstrecke still entgegen, unterschrieben den Haftungsausschluss (ich klickte mich beim Wort ‚Organspende' aus), und gingen zu den Bikes, um sie in der Boxengasse zur ersten Ausfahrt auf die Strecke zu positionieren. Ich bekam Angst.

Einleitend sollte ich noch erwähnen, dass ich bei Angst etwas vorlaut werde.

So landete ich mit 6 Machtes im Gepäck, mit meiner Nackerten aus der Bärengeschichte, neben einem Rudel Rennbikes (siehe Bild). Nachdem die Strecke freigegeben wurde, ich in der Mitte des Feldes lag, die erste Rechts direkt vor uns, meine 6 neuen Freunde, weit vor mir, fast schon am rechten Knie ... ich sehe den ersten rausrutschen, der nimmt auf seinem Weg ins Kiesbett meine restlichen 5 Kontrahenten gleich mit und als ich mit einem Schrei in meinem Helm „Des überleb i ned! Mi hauts raus!", an der staubigen Wolke, am Kiesbett der 6 Patscherten, vorbeifahre denke ich mir „Hab ich das jetzt in echt gewonnen?".

Seitdem hab ich die goldene REITWAGEN Karte und fürchte mich nicht, weil mich das Schicksal liebt.

Nürchtet euch ficht!

„Ab 40 beginnt die AltersWeisheit.", sagten sie. Anscheinend kannten sie mich nicht. Ich, der beschlossen hatte, mit 43 die Ausbildung zum staatlich geprüften Raftguide auf Salza und Enns zu machen. Diejenigen , welche mich nicht kannten, meinten: „Jo, eh. Träum weiter", im Gegensatz zu denjenigen, die mich kannten: „Das kann ja heiter werden. Die armen Bären in den Kalkalpen".

So landete ich April 2004, bei klirrender Kälte und Schneefall, in Wildalpen. Ich muss dazu sagen, dass ich bereits ein erfahrener Pechvogel war, der mit diesen Wetterbedingungen gerechnet hatte. Über einen WildwasserVeranstalter aus Wildalpen lernte ich Strohli kennen. Ein Haudegen und WW Spezialist erster Sahne, der mir mit seinem Team alles beibringen sollte. Ich muss dazu sagen, dass ich im Kajak schon 20 Jahre Erfahrung im Wildwasser ins nahende Missgeschick mitbrachte.

Die erste Woche der Ausbildung war überraschenderweise ohne Tragödien abgelaufen. Der

Wasserstand war auf 2,80 m gesunken (noch immer viel!), wir übten das Umkippen des Rafts inklusive dem Retten der ehemaligen Bootsinsassen und Bergungen. Praktisch natürlich. Auch das überstand ich, ebenso die 2. Woche. Hier fuhren wir täglich um die 80km im Wildwasser und trugen das 50kg schwere Gummi-Raft mindestens 2 km weit. Da mein letztes Geld für Ausbildung und Prüfung draufging, schlief ich, zusammen mit 6 Kollegen, outdoor. Das Frühstück/Abendessen verdiente ich mir mit Geschichten erzählen oder aufräumen. Ganze 2,5 Wochen lang hielt dieser Zustand des warm ups, an.

Dermaßen ausgemergelt und dennoch motiviert trat ich im Mai 2004 zur staatlichen Prüfung an. Es war strahlend blauer Himmel. Sonnenstrahlen, die vom Schnee reflektiert wurden und das wildromantische Umland noch märchenhafter beleuchteten. Kein Wind am Fluss und warme 6 Grad Außentemperatur. Wir, zwei behördliche Prüfer, fünf Prüflinge und einer der besten WildwasserSportler, mit rosa Helm, saßen in einem Boot. Von uns fing der Erfahrenste an, damit er die erste arge Stelle, CampingplatzWalze und große Prallwand, machte. Nach etwa 5 km, Höhe StrohliCamp, wechselte die

Bootsführung an eine junge Frau aus Salzburg, die immer sehr nervös war. Natürlich fieberten wir mit ihr mit und glichen einige Stellen selbständig aus. Der Nächste war ich.

Einleitend möchte ich noch erwähnen, dass ich bei PrüfungsAngst zur unkontrollierten Legasthenie neige.

Wir fuhren mit einem eleganten: „Alle vor!", der Strömung entgegen und steuerten genau auf den breiten Hauptstrom zu. Jetzt noch das richtige Kommando und alles ist jut. „Rinks vor! Lechts zurück!", und wir landeten im nächsten ufernahen Busch. Der Schnee rieselte davon herab. Direkt auf Cs Helm, der dann nicht mehr rosa war. Die ersten 2 Reihen sahen aus wie nicht fertig gebaute Schneemänner, mit dem Blick zu mir gewandt.

Und genau DIESES Bild sehe ich vor mir, wenn ich wieder einmal im worst case stecke. Ich lache und bin frei.

Ja, die Prüfung habe ich bestanden.

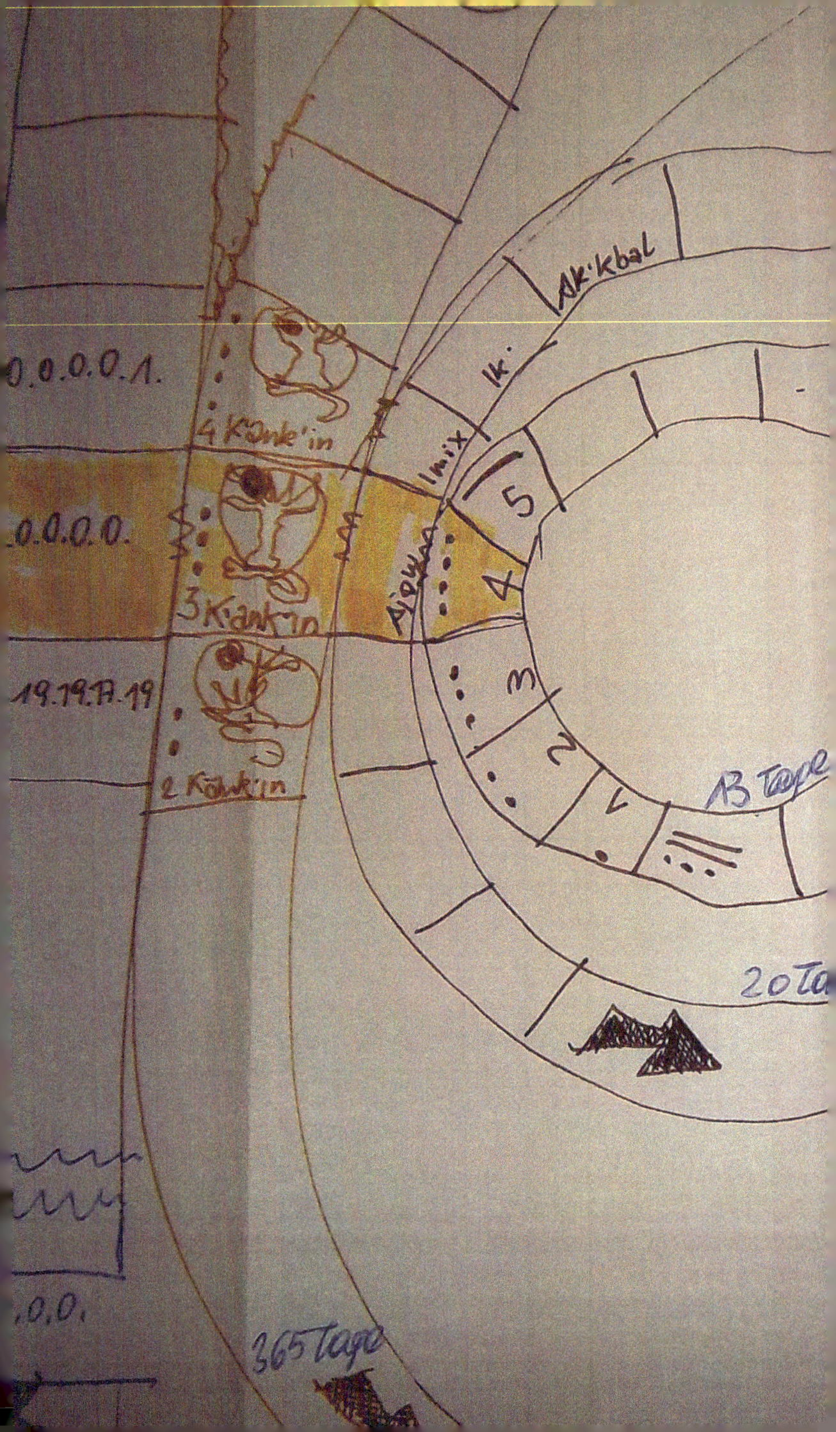

0.0.0.0.1.
4 K'ank'in
0.0.0.0.
3 K'ank'in
19.19.17.19
2 K'ank'in
Ak'kbal
Ik.
Imix
Ajaw
5
4
3
2
1
13 Tage
20 Ta
365 Tage
0.0.

Der Weltuntergang, die Maya und ich

„21.12.2012 und alle werden sterben. Nicht nur vor lachen, sondern diesmal wirklich, ernsthaft und wahrhaftig!“, sagt die Frau im Drogeriemarkt laut ins Telefon hinein. In mir zuckt der Oberlehrer aus und nähere mich der Todgeweihten, um mit Hard Facts ihr Leben zu verlängern. Erst als ich in Reichweite bin, erkenne ich den irren Blick in ihren Augen und weiß, ein falsches Wort und ich bin dran. Komm aber aus der Nummer nicht mehr heraus, sie hat mich registriert und sieht mich scharf an.

„Entschuldigung, wissen Sie wo die Kondome der Größe XXXXL sind? Ich möchte beim Weltuntergang nochmal so richtig protzen. Ist ja logisch in Anbetracht der Dinge und der …“, sie wendet sich angeekelt ab. Gerade als ich mich selbst feiere höre ich die Stimme hinter mir. Ich drehe mich um und sehe der Filialleiterin ins Auge. „Wissen Sie, solche Größen führen wir nicht. Sie sollten eventuell Handschuhe nehmen“. Ich beginne etwas zu schrumpfen. Genau in diesem Moment kommt eine ältere Dame hinzu. Ich erwarte ein „Früher hätts das ned geben“, aber es kommt schlimmer. Sie stellt sich neben mich und hängt sich bei mir ein. „Wollens einer Dame nicht beim Einkaufen helfen, junger Mann?"

Während ich mir überlege wie ich mich in Luft auflösen kann und ob Mann schon so einen Versuch überlebt hat, fasst sie mir an den Hintern. Mit einem eleganten „Oh, da sind sie ja", löse ich mich und rette mich in die nächste Regalreihe. Direkt in meine WeltuntergangsFetischistin hinein. Ich glaub, dass sie auf mich gewartet hat, denn sie verplempert keinen Augenblick.

„Ich habe es bemerkt", sagt sie streng und mustert mich von oben bis unten.

Aus den Augenwinkel schaue ich, ob es im Regal neben mir, wo die Besen stehen, auch Schaufeln gibt. Ich glaub ich benötige grad eine. Vielleicht kann ich mich bis nach China durchgraben. Verwerfe aber den Gedanken, weil ich bei meinem Pech sicher im Mariannengraben oder am K2 landen würde. Während ich wertvolle Fluchtzeit ungenutzt verstreichen lasse nähert sich die ältere Frau von hinten. Sie ist auch noch nicht fertig mit mir. Zugleich drängt Frau Weltuntergang von vorne auf mich zu.

„Ich habe es bemerkt“, zischt sie mir dabei zu. Hilferingend klammere ich mich an der Rolle Klopapier fest die ich in Händen halte. „Vielleicht kann ich mich damit einwickeln, mich tot stellen und wenn sie mich für eine Mumie halten, ablassen von mir?“, frage ich mich.

„Ich habe es bemerkt. Sie wollten mich anmachen. Weil morgen Weltuntergang ist, heißt das noch lange nicht, dass die Regeln des Anstands nicht mehr gelten“, fügt sie hinzu.

„Nur aufklären damit ...“, ich werde von ihr unterbrochen.

„Mit dem AufklärungsTrick?“ In meiner Verzweiflung krame ich aus meinem Rucksack, Papier und Stift hervor und zeichne den Maya-Kalender auf, damit sie sieht, dass nix mit Untergang ist. Sie ist ein kluges Kind und versteht, die ältere Frau nicht.

„Xopoxylokappettl, lass es Steine auf mich regnen!“, schreie ich in meinen Kopf hinein.

Seitdem halt ich einfach meine Pappen.

Wäre ja schade

Wien, warme Septembernacht, Geisterstunde überlebt, warte auf die 1. Nacht U-Bahn. 12 Minuten noch, Rauchverbot, schlurfende Schritte, den dazugehörigen jungen Mann als harmlos und dennoch betrunken eingestuft. Meine Aufmerksamkeit gilt wieder der Snorri-Edda, die ich in Händen halte. Aus den Augenwinkeln sehe ich den Mann wankend zur Bahnsteigkante gehen, wo er auch zum Stillstand kommt. „Wenn jetzt die U-Bahn kommt fliegt mir sein Kopf entgegen“, denke ich mir und stehe schnell auf. Nicht zu schnell um den Schwankenden zu erschrecken und er dann auf die tiefgelegenen Gleise stürzt. Noch 2 Minuten, schnappt der Wartezeitanzeiger um als ich ihn langsam erreiche. In Griffweite lege ich meine Hand um seine Leibesmitte und ziehe ihn langsam einen Schritt zurück. Eines seiner Augen sieht mich fragend an. Ich erklär ihm das mit dem Sicherheitsabstand und sein Kopf schon auf BahnNiveau war. Überglücklich lallt er „Urvielen Dank, da wär ned viel überblieben von mir“. Ich wart neben ihm bis die Bahn einfährt, dann übergebe ich ihn wieder seinem Schicksal.

Beim Gehen sag ich zu ihm, weil er sich immer noch bedankt. „Wär ja schad um dich gewesen", und er beginnt breit zu grinsen.

Am nächsten Mittag muss ich in die Stadt, fahre mit der Badnerbahn bis Resselpark/Karlsplatz, steige aus und nähere mich der Busstation, die auf meinem weiteren Fußweg liegt. Ein Bus steht wartend links von mir in der Station, ich will vor dem Bus über die Straße gehen, schaue nach links … nach rechts schau ich nicht, da ich annehme es ist eine Einbahn. Gerade als ich über die Mitte der Fahrbahn treten will beginn der Busfahrer wie wild zu hupen. Voll Schreck mache ich einen Schritt zurück und sehe den Fahrer an. In diesem Moment spüre ich den Fahrtwind eines 14 TonnenBusses dicht an meiner rechten Wange vorbeirauschen. Der Windsog hinter dem Bus reißt mich fast auf die Fahrbahn, das Adrenalin fährt Schlitten mit mir. Mit weichen Knien schwanke ich zum Fahrer und will mich bedanken. Er öffnet sein Fenster, sieht mich lachend an „Wäre ja schad um Sie gewesen", und ich weiß jetzt genau wie sich dieser eine Satz anfühlt.

Voll Dankbarkeit gebe ich in der City einer Hilfesuchenden die Hälfte meiner Barschaft. 3

Euro und ein ehrliches, freundliches Lächeln.

Der anschließende Termin rennt bescheiden ab, bin zu wenig motiviert um Kunden für etwas zu gewinnen, an das ich selbst nicht glaube und Verkäufer bin ich auch keiner, da hätt ich schon meine Bücher und Geschichten verkauft. So gehe ich heim. Vergesse den Frust um den Zeitdiebstahl und hole mir schöne Bilder in den Kopf. (Nürchtet euch ficht, Schlussbild, hilft immer)

Daheim angekommen öffne ich den Brief, der im Postkasten war. Es befinden sich 120.-Euro von einem Freund darin. Er schreibt „Damit du wieder ein paar Bücher drucken kannst. Wär ja schade drum“.

Wär ja schade

Was will mir das Universum damit sagen? Das man alles zurück bekommt?

Oder ganz einfach, dass es schade wäre, wenn man nicht an seine Mitmenschen denkt?

Eiskaltes Glück

Ich steh am Ufer der Salza und bevor ich mich fragen kann was ich da eigentlich mach, drückt mir mein Bergkamerad Franz, ein Paddel in die Hand, dann führt er mich zu einem Kajak, klopft mir aufmunternd auf die Schulter und mit einem ernsten Gesichtsausdruck meint er „Heuer ist noch keiner gestorben. Bist a Glückskind".

Ich versuche mich aufs Jetzt zu konzentrieren.

Spritzdecke angelegt, erst nachher erklärt bekommen, dass es nass besser funkt. Wutanfall bekommen. Ins Boot rein, Decke fixiert und Trockenübungen. Wie Aussteigen, Paddelstützen, Schenkeldruck und Bootausleeren. Dann stellt sich Franz vors Kajak, in dem ich noch sitze, grinst mich komisch an. „Bist bereit fürs Wasser?", fragt er mich, während ich die 7 Meter hohe Böschung hinunterblicke und die schnell dahinfließende Salza sehr skeptisch begutachte. Da ich nicht antworte, weil ich noch meinen Mut suche, zieht er mich in die Böschung und es geht dahin. Das langgezogene „Schaaaaa …“, verstummt beim Eintauchen ins eiskalte Wasser schlagartig. Mich fetzt es nach hinten, dass ich glaub das Kreuz reißt mir ab und dennoch muss gepaddelt werden. Aber nicht lange. Es blubbert und gurgelt überall um mich herum. Notausstieg, geht mir noch durch den Kopf und ich presse das Knie gegen die Spritzdecke und sie geht auf. Gibt mich frei. Als ich auftauche, klammere ich mich ans Boot fest und bemerke, dass das eh alles nicht so arg ist. Packe das Kajak, ziehe es schwimmend ans Ufer. Hier ist das Wasser nicht so wild, eigentlich harmlos. So lerne ich das Bootsausleeren richtig, später dann das Halten im Kehrwasser und eskimotieren. Alles was man so braucht um im WW 2-3 Spaß zu haben. Ich lerne schnell und der Vormittag vergeht abenteuerlich.

Am Nachmittag fahren wir vom Camingplatz bis nach Fachwerk. Diesmal fährt Franzens Frau Anita mit mir. Sie geht liebevoller mit mir um. Erklärt mir Paddelzeichen, weil es eine ungute Stelle, kurz vor dem Ausstieg in Fachwerk gibt. Da ist eine Insel dort müssen wir uns unbedingt links halten, weil rechts durchs ablaufende Hochwasser mit Baumstämmen verblockt ist. Ich sehe kein Problem, bin ja ein Naturtalent.

Kurz bevor wir die verblockte Stelle erreichen, bemerke ich, dass mein Kajak schwer zu steuern ist. Ich wende das Boot und versuche mit einer Seilfähre ins letzte Kehrwasser zu kommen. Entdecke den breiten Riss auf der Spritzdecke und fühle das viele Wasser im Boot. Ich bemerke, dass Anita laut zu schreien beginnt. Das Kajak wird immer schwerfälliger.

Ich schaffs nicht das Boot wieder zu wenden und steuere verkehrt auf die Verblockung zu.

Mein Methan entweicht spontan und meine Nackenhaare stellen sich auf. Während mein Herz zu rasen beginnt, spüre ich den 1. Einschlag der Bäume am Helm, der 2. drückt mich brustlings aufs Kajak, tauche samt Boot unter, werde quer ausgespuckt und eskimotiere bis mich Anita aus dem Wasser zieht.

Später sehen wir uns die Stelle an und ich kann mein Glück nicht fassen.

Warum sag ich eigentlich ich bin ein Pechvogel?

Der wilde Ritt gegen die Zeit

Unglaublich und dennoch wahr.

Das wäre die Rubrik für folgende Geschichte, die ich mit meinem Vater, Ende der 80er am Hochkar in den EnergieFerien erlebte:

Mein Vater, seine Frau, meine 1. Frau und ich beschlossen trotz anhaltenden Schneefällen und klirrender Kälte 2 Wochen am Hochkarhof zu buchen. Warum? Weil der Schnee bei dieser Kälte einfach geil zu fahren ist. Da brauchst beim Tiefschneefahren nur elegant mit dem Hintern zu wackeln und du wedelst wie ein Einser den Hang hinab. Nach 3 Tagen Hinternwackeln kam dann eine riesen Tiefdruckfront ins niederösterreichische Grenzgebiet. So arg, dass das JugendnationalTeam des ÖSV ihr Trainingslager verkürzte, die sich ebenfalls am wetterbedingt fast menschenleeren Hochkar breitgemacht hatten. Das war mir als ExtremTourenFahrer eigentlich egal, denn mein Revier lag zwischen den Bäumen und weniger am plattgewalzten Draxlerloch, in dem die ÖSV Jugend herumturnte.

Nach einem harten Tag zwischen den Bäumen, manchmal auch direkt in einen hinein, kam ich zurück, legte die Schi und die stinkenden Hanwag Tourenböcke in den Schistall und ging in den Gästebereich des Hofs. Dort saß zornig und traurig zugleich ein junger Mann, den ich genauer kennenlernen musste, denn ich hatte noch niemals zuvor so einen großen Willen in einem Menschen gesehen wie bei dem Burschen. Nach einigem Vorpalawer, wie geil der Schnee jetzt ist, fragte ich ihn was eigentlich los sei. Er, Thomas S., habe Fieber und kann am morgigen Tag nicht an den Jugendmeisterschaften des ÖSV teilnehmen. Er will gewinnen um so schnell es geht ins große Team kommen, sagte er mir noch schwer hustend, dann kam seine Oma und riet Thomas endlich ins Bett zu gehen um sich auszukurieren. Ich musste meiner Frau auch noch mitteilen, dass ich noch lebe und so trennten sich unsere Wege.

Gegen 3 Uhr morgens wurde ich durch klopfen an der Zimmertüre wach, ging verschlafen hin und öffnete sie. Draußen standen mein Vater, die verweinte Oma Thomas´ und noch ein sehr besorgt wirkender Mann, den ich nicht kannte.

„Der Bub stirbt", schluchzte die Frau, während mein Vater mich eindringlich ansah. „Du hast ja jetzt deinen neuen Geländewagen, den 413er, kannst gut damit fahren?", fragte Papa mich.

„Hallo, ich bin DER Geländetyp. Um was geht´s?", antwortete ich. „Der Thomas hat seit Stunden über 42 Fieber, der Heli kann wegen dem Wetter nicht kommen, ebenso der Schneepflug aus Göstling."

Wir packten Thomas in mehrere Decken auf die hintere Sitzbank und fuhren die Passstraße hinab. An manchen Stellen war der Schnee so hoch, dass Papa aussteigen musste um den weiteren Verlauf der Straße zu checken. Manchmal verschwand Papa ganz unter dem Schnee und er musste sich anseilen.

Als wir fast unten waren, sahen wir den Schneepflug im meterhohen Schnee stecken. Nach einigen hundert Metern entdeckten wir das Blaulicht vom Rettungswagen, und übergaben Thomas heil.

„Du schaffst es, Tom", sagten wir ihm zum Abschied.

10 Jahre später gewann er Bronze in Nagano.

4 Kinder und 9 Stunden Finsternis

Warnung: Diese Geschichte kann besorgte Eltern noch mehr verunsichern.

Robert, Norbert, Günter and Ei. Im Alter von 10 bis 11. Wir 4 hatten in den frühen 70ern etwas gemeinsam. Enthemmter Abenteuersinn mit Hang zu jeder Menge Fantasie … und wir lebten alle in einer neugebauten Wohnhausanlage am Rande des 23. Bezirks, fast direkt in einem Auwald, inklusive einer mächtigen 5 stöckigen Ruine einer Brauerei die optisch das komplette Umfeld dominierte.

Hier gabs alte LKWs aus dem letzten Krieg die still vor sich hinrosteten, alte Stahlhelme, alte Munition und tiefe unterirdische Bunker, zumindest die Zugänge davon.

Was soll ich sagen? Wir forschten viel und verletzten uns täglich. Auch deshalb wurden unsere Zusammenkünfte durch strenge Bestrafung, wie Hausarrest, immer seltener. So hatten wir einen genauen Plan, wenn es um die Erforschung der großen Ruine ging, entwickelt. In den oberen Stockwerken hatten sich schon Kinder-Gangs aus anderen Siedlungen breitgemacht. Es bleib nur mehr der Gang nach unten, wo sich die Großen rumtrieben. 6 Wochen dauerte es bis wir unsere Hausarreste soweit synchronisiert hatten, dass sich ein gemeinsames Zeit-Fenster zum Deppertsein auftat.

Treffpunkt war 9 Uhr beim Bach, der vor der Ruine träge floß. Jeder hatte seine Beschaffungsliste. Robert besorgte Kreide und Seil, Günter den Proviant (Schokolade und Kaugummi), Norbert die Bewaffnung (Pfeil und Bogen) und ich das Licht (Taschenlampe). So standen wir pochenden Herzens und mit zitternden Knien vor dem schwarzen Loch, das in die unbekannte Tiefe führte.

Lasciate ogni speranza, voi ch`entrate!

Aber statt Höllenfeuer schlug uns modriger, eiskalter Wind entgegen. Wir traten dicht nebeneinander gehend in die mit Schutt, Spinnweben und alten rostigen Maschinen übersäte Unterwelt. Keiner von uns wagte es Angst zu haben. Robert motivierte sich, indem er bei allen Abzweigungen im tiefen Ziegelsteingewölbekeller böse Worte an die Mauern schrieb.

Norbert murrte rum, weil gar keine Indianer da unten waren und Günter wunderte sich, weil seine neue Hose noch immer sauber war. Ich hatte sie voll. Dies waren unsere Sorgen bis nach 2 Stunden forschen in tiefer Finsternis, der schwache Leuchtfinger meiner Taschenlampe zu zucken begann und ausging.

In einer stockdunklen Halle im Nirgendwo beschlossen wir zu warten bis wer von den Großen kommen würde. Jeder wollte sich Mut machen indem er arge Horrorgeschichten erzählte, so entstanden in meinem Kopf die ärgsten Bilder, jedes Geräusch wurde von Vampiren verursacht. In den Köpfen meiner Freunde muss Ähnliches vorgefallen sein, denn als wir abends von der Bande der Großen gefunden wurden, um uns zu prügeln, weil wir in ihr Revier eingedrungen waren, liefen wir den Strahlen ihrer Taschenlampen entgegen und fielen über sie her. Die Monster.

Danach gehörte die ganze Ruine uns. Und wir hatten 1 Jahr Hausarrest, außer Robert, der hatte Küchendienst.

Seitdem hab ich nur Horrorgeschichten im Kopf.

Blödes Timing

Tief, mit einem dunklen Umhang verhüllt, sitze ich am Schreibcomputer. Es ist 6 Uhr morgens und ich habe bereits mein Tagessoll von 12 Seiten erfüllt, und dennoch kann ich nicht enden. Die Geschichte hat mich noch voll gefangen, so sehr, dass die Kaffeemaschine in der Küche seit Stunden ins Leere blubbert.

„Jetzt vergehen die Welten!“, rufe ich und schreibe wie in Trance von Heimdallr, seinem Horn, von Walhall und all den dunklen Drachen. Mein Gesichtsfeld wird immer enger, bis selbst die Gedanken wie in einem schwarzen Loch komprimiert werden und sich auf der anderen Seite auf dem Papier wiederfinden. Ich lese es nicht, es ist wie eine Reise in deren Verlauf ich die Welten entstehen lasse in denen ich mich bewege. Nein, schizo ist anders. Das ist genau die Welt, wo alles möglich ist. Alles. Dort entstehen all die Träume die auch unsere Ziele werden können.

Ich bin dermaßen von den Ereignissen gefangen, dass ich Schwert und Schild neben mich beim Schreiben stelle. Es könnte ja sein, dass die Wesen aus der Geschichte in meine Welt kommen und ich dann schon wieder schuld an allem bin. Diesmal not.

So fliegen die Finger über die Tasten und hoffen mit den Ereignissen Schritt halten zu können, denn die Geschichte hat sich bereits verselbstständigt und ich schreibe nun mehr als Berichterstatter, denn als deren Gestalter.

Der Himmel bricht, Brüdersöhne fallen übereinander her, Windzeit, Wolfzeit ... und inmitten des Wahnsinns steht mein Held. Der Macho, der zum ersten Krieger der Göttin wurde und nun gegen das dunkle der Welten steht, nur mit Schwert, Schild und Liebe bewaffnet. Die Glocken des Untergangs läuten laut und klar ....

Nun denn, kann man sich denken. Was solls, kann man sich fragen. Eh nicht so arg, könnte man meinen und dennoch, wurde es die Geschichte der letzten Wochen für mich, denn mitten im wildesten SchlachtenChaos wurde das Läuten real. Es dauerte eine Zeit, bis mein Unterbewusstsein realisierte, dass es von der Wohnungstür kam, mein glorreiches Über-Ich, gefangen im Ragnaröck, hörte sie kommen. Sie waren hier, Swartalfs grausamen Ursprungs hier vor meiner Türe. „Schwertzeit, Beilzeit ists!", rief ich. Mit einem „Bis die Welten vergehen!", sprang ich auf, packte das Schild, umfasste das eherne Schwert und lief Richtung Türe.

Der Tom S. Versteher weiß nun was kommt … du noch nicht, darum lies bitte aufmerksam weiter.

Natürlich riss ich die Eingangstüre weit auf. Bereit die Göttin zu schützen, schritt ich mit Schild und Schwert in den Gang … mitten in meinen LieblingsRauchfangkehrer hinein.

Da er mich schon seit über 18 Jahren kennt, musste ich ihn diesmal gar nicht so lang reanimieren. Sein Lehrbub kennt mich jetzt auch schon ein bisschen besser. Ich mag mir gar nicht ausdenken, wenn da zwei alte Damen von den Zeugen Jehovas oder gar der Gerichtsvollzieher draußen gestanden hätten. Drum kann ich euch ohne Zwangsjacke eine weitere unglaubliche Geschichte erzählen.

Die sich auch genauso zugetragen hat. DackelblickSchwur.

Ziege, die auf Männer starrt

Warnung: Besorgte Eltern und normal denkende Menschen, bitte nicht lesen.

Begonnen hatten meine besorgniserregenden Fahrkünste im Alter von 10 auf dem Zuckerrübenfeld in Au am Leitha Gebirge im Ford Taunus GXL V6, im Winter natürlich. Dort lernte ich Einparken, driften und Bremsen auf Eis und Schnee.

Meine erste Fahrt auf einem Ding das genau 2 Evolutionsstufen unter dem Begriff Strasse lag, absolvierte ich mit 12, von Kattowitz nach Krakau. Damals noch weit hinter dem eisernen Vorhang. Besonders die unbeleuchteten Pferdefuhrwerke bei meiner ersten Nachtfahrt, waren ein Abenteuer für sich, ebenso Autos, die sich beim Beschleunigungsversuch gänzlich einnebelten.

Ein Jahr später durfte ich mit dem Volvo 264 GLE meines Vaters im tiefsten Mazedonien für einige Kilometer das Steuer übernehmen. So fuhr ich mit dem schwankenden Ungetüm noch tiefer in den Süden, Richtung Skopje. Das bauliche FortbewegungsWunder unter den Rädern des tapferen Schweden, bestand mehrheitlich aus Bitumen, Schotter und Mutter Natur. Ab und zu querte ein kleiner Bach, von den unzähligen Schafweiden kommend, den Weg. So kam es, dass hinter einer engen Rechtskurve eine Schafsherde die gesamte Straße blockierte. Gerade noch vor dem ersten Schaf kam ich zu stehen und war froh, dass Papa mich nur mit den ersten 3 Gängen fahren gelassen hatte.

Die Herde teilt sich, der etwa 10 jährige Hirte will Zigaretten dafür. Ich fahr ganz langsam weiter, grad als ich durchatme springt von rechts kommend die große Ziege auf die Motorhaube hinauf, ich denk mir auf der folgenden Geraden wird sie schon runterhupfen, sie aber bleibt, dreht sich um und es scheint mir, dass sie mich böse ansieht. Ich schau Papa verzweifelt an, er meint aber nur „Du hast es im Griff, gib der Ziege keine Zigaretten“, ich geh natürlich vom Gas und lasse den großen silbernen Wagen langsam ausrollen. Die Ziege springt sofort auf der linken Seite herunter, geht Richtung Fahrertüre, bleibt einen halben Meter davor stehen und starrt mich an.

„Papa?“, frage ich, ohne den Blickkontakt mit der Ziege zu unterbrechen. Es scheint, dass sie sich überlegte, den Wagen zu rammen, sich zu bedanken oder bis zum Ohridsee mitzufahren. „Hast gut reagiert“, antwortet er ohne meine Frage abzuwarten. „Du hast gesagt, dass ich bis zum ersten Wegweiser nach Ohrid fahren darf und wir dann wieder wechseln. Stimmt das so, Papa?“

„Ja, genauso“, antwortet er ruhig und beugt sich auf meine Seite herüber, damit er die starrende Ziege auch sehen kann. „Schau. Da vorn ist das Wegtaferl, die Ziegn siehst eh selber, ich kann ned aussteigen. Was mach ma? Darf ich bitte weiterfahren?“

Mein Vater bekommt einen Lachanfall, „Gut, aber nur mit den ersten zwei Gängen, auf die 3. schaltest nicht“, antwortet er, nachdem er tief durchgeatmet hatte. Ich zwinkere der Ziege zu, sie määäähht und geht.

Seitdem weiß ich, die Gehörnten sind auf meiner Seite.

PS: Auf der Heimfahrt haben wir in Serbien eine Wildsau gerammt, aber da ist Papa gefahren.

Mama? Ich kann es nicht

Heute geh ich wieder zu ihr. Zu ihr ins Pflegeheim. Zu ihr, und ich hoffe, dass sie ihre klaren Momente hat. Wobei sie nach dem schweren Schlaganfall, der ihre komplette rechte Hirnhälfte ausgeschaltet hat, so etwas wie klare Momente nicht haben dürfte. Aber sie hat sie. Und wie immer, wenn ihre Momente klarer sind, werde ich sie wieder fragen. Werde ihre dünnen Hände nehmen und ihr die Frage stellen, die ich hoffte niemals in meinem Leben zu stellen.

„Mama? Mama, willst noch? Soll ich mein Versprechen einlösen? Mama?“, frage ich sie auch heute. Jetzt. Hocke neben ihrem Bett, streichle ihre Hände und ich hoffe, hoffe, dass sie auch heute wieder „Nein, Bub“, sagt.

Sie sieht mich an. Ich merke, dass sie nur mehr der eiserne Willen zusammenhält. So liegt sie ohne Aussicht auf Besserung und sieht mich an. Liebevoll. dazwischen gleitet ihr Blick durch mich hindurch und sie ist in ihrer Welt. Ich lasse sie dort, denn es scheint ihr dort (im Land der Vergangenheit) besser zu gehen. Streichle weiter ihre kraftlosen Hände, küsse sie, versuche meine Gefühle und die tiefe Trauer in den Griff zu bekommen. Auch heute will ich ihr Kraft geben. Ich merke wie sich meine Gedanken verlieren. Auch ich sehe alte Tage, Bilder und auch Szenen. Das Versprechen.

„Bist schon lang da?", reißt mich ihre dünne Stimme ins Jetzt zurück.

„Ja, Mama. Hab dich lieb Mama", sage ich, während ich mich vorbeuge und ihr den Mund abwische. Sie sieht mich an, will etwas sagen und noch bevor der erste Ton über ihre Lippen dringt, schläft sie wieder ein. Währenddessen zermartere ich mir das Gehirn. „Was wollte sie mir noch sagen?", frage ich mich, während ich ihre Stimme aus der Vergangenheit höre, als wäre es im Jetzt.

„Versprich mir das Thomas", sagt sie und ich kann es nicht. Sage trotzdem „Ja", weil ich mir sicher bin, dass der Ernstfall nie eintreten wird.

„Und jetzt?", höre ich meine innere Stimme, die mich aus der Projektion der Vergangenheit rausreißt. Ja, was jetzt? Was ist, wenn sie das Versprechen in mehreren klaren Momenten einfordert? Was ist Pflicht und was die Sünde? Wer bestimmt über Leben, wer darf und wer sollte niemals? Bin ich meinem selbst zusammengezimmerten nordischen Glauben verpflichtet, dann stehe ich im Wort der Mutter, oder nur ein überfordertes Einzelkind das zu viel denkt?

Sie wird wieder munter, sie streichelt meine Hand, ich küsse die ihre. Mit leiser Stimme sagt sie: „Thomas, ich hab dich lieb“, dann schläft sie wieder ein. Ich decke sie vorsichtig zu, küsse ihre Wangen, sage ihr, wie sehr ich sie liebe und ihr für alles danke und gehe. In der Türe bleibe ich stehen und beginne zu weinen bis ich daheim angekommen bin, dort setze ich mich hin und beginne zu schreiben.

Dunkle Schatten seh ich huschen, wollen in mein Herz hinein, doch des Herzens klare Lieder, bringen jetzt die Liebe heim.

2 Wochen später ist Mama in einer besseren Welt. Täglich löse ich das 2. Versprechen ein und denke an sie.

Hoffe, dass die Lungenentzündung sie schmerzfrei hinüberbegleitet hat.

Unerwartete Freiheit

Ich werde von den Eindrücken erschlagen.

Stehe mitten in den Voralpen, mein Blick ist auf den mächtigen, noch immer mit Schnee bedeckten Hochschwab gerichtet. Mir wird schwindelig, drehe mich um und sehe den Oberlauf der Salza. Trinkwasser, mittelhohe Berge, deren begrünte Geröllfelder das gegenüberliegende Ufer bilden. Wildromanisch, ungeregelt und dennoch fehlt mir die Luft zum Atmen. Zu viele sagenhaft schöne Eindrücke für mein einfaches Gemüt. Ich schließ fast aus Selbstschutz meine Augen. Die Sonne scheint in mein faltiges Gesicht, scheint die tiefen Gruben auf meiner Stirne durch die Wärme wegzubügeln. Dennoch spüre ich dieses Erschlagenwerden tief in meiner Brust. Zu kitschig und surreal wirkt diese wunderbar schöne Natur auf mich Städter. Zu still alles um mich herum. Ich höre vergangene Stimmen. In meinem Kopf geht es drunter und drüber. Tief vergrabene Probleme tauchen wie aus den Nichts auf. All die Ungerechtigkeiten und Verarschungen durch unkompetente Ärzte und Beamte.

„Passt ja hervorragend“, denke ich mir, denn statt Entspannung, die ich mir durch den Besuch der Berge versprach, spüre ich nur den Druck auf meiner Brust und das Durcheinander der Stimmen immer stärker werden. Kann ich denn nirgends mehr zur Ruhe finden? So reiße ich meine Augen wieder auf, sehe sofort die kleine schneeweiße Wolke, die wie hingemalt vor dem mächtigen Hochschwab schwebt. Alles dreht sich in mir und gehe, noch benommen, wie ich gerade bin, zum Auto zurück.

Nach nur wenigen Schritten stolpere ich und lande bäuchlings in der Sommerwiese. Ich bleibe liegen, weil ich es so will. Will meine Unruhe in mir weiter bedauern, dem Universum erzählen, dass ich es so nicht lustig finde, mitten in der schönsten Natur den Kopf nicht frei zu bekommen und erwarte eine weitere Ungerechtigkeit, wie einen Bergsturz, einen AlpenTsunami oder Adlerattacke. Wider Erfahrung und Erwartung bleibt all dies aus und ich öffne vorsichtig meine Augen.

Ich sehe die Gräser, in denen ich liege, direkt vor mir. Nehme die Bienen, die auf der Suche nach dem Nektar der Blüten sind, wahr. Sehe Ameisen, die viel zu schwere Dinge tragen. Ich schaue plötzlich genau auf die kleinen Dinge. Sehe Lichtstrahlen durch die blühenden Gräser dringen. Rieche frisch geschnittenes Gras. Nehme den Geruch des Waldbodens intensiv wahr und lausche. Lausche der Ruhe, die sich schlagartig in mir breitmacht.

Stille.

Ich bleibe mitten in der saftigen Sommerwiese liegen und nehme so den Mikrokosmos in und um mich herum wahr. Bin nicht mehr der depressive Betrachter, sondern ein Teil dieser wunderbaren Natur.

Endlich.

Erst der nahende Mähtraktor des Bergbauern holt mich wieder aus meiner totalen Tiefenentspannung heraus.

„Hearst Gerti, schau dir moi das seltsame Reh da an!", höre ich den Traktorfahrer seiner kleinen Tochter zurufen, die neben dem Ding geht um einen kleinen Blumenstrauß zu sammeln.

Wie recht er doch hat, denke ich mir, erhebe mich und winkte den beiden freudig zu.

NACHWORT

War ich hilfreich für dich?

DANKSAGUNG

Danke Papa. Danke Mama.
Danke auch ans Universum, weil es so ist wie es ist.
Danke ebenfalls an dich, du hast durchgehalten und bist unverletzt geblieben.
Danke an Martin und Hannes für die wahrlich tolle Betreuung.

Den letzten und größten Dank an alle Menschen, die in meinen Geschichten vorkommen. Echt, danke.

TOM C. SCHOPPER

Kurzform: 1961 als Kind in Wien geboren.

schreib's auf
story.one

Bücher für alle. Jeder soll die Möglichkeit haben, aus seinen Erlebnissen und Erfahrungen ein Buch zu machen. Stell dir vor, deine Großeltern hätten in deinem Alter ein Buch geschrieben, mit ihren Geschichten aus ihrem Leben, und wir könnten es heute lesen. Wir stehen für die Demokratisierung des Buchmarkts, story.one ist die Freiheit des Schreibens und Publizierens.

Übung macht den Meister. Schon klar, kein Meister ist vom Himmel gefallen. Aber Storytelling und Schreiben steckt in uns allen genauso wie Singen, Malen, Tanzen, Fotografieren, Kochen, Fußballspielen und vieles andere mehr, was Menschen Freude macht. Wir sehen es als unsere Aufgabe, jedes Talent zu fördern.

Verantwortung. Wir sind nicht nur davon überzeugt, dass jeder ein Buch schreiben kann, sondern auch, dass jeder nachhaltig etwas bewirken kann.
Wir produzieren unsere Bücher nur bei Bedarf und gehen sorgsam mit der Ressource Papier um. Damit möchten wir die Welt ein kleines Stück besser machen.